HOMELIE XX.

POUR LE TREIZIÉME

DIMANCHE

D'APRÉS LA PENTECÔTE,

SUR

LES DIX LEPREUX.

Par M. le Curé de S. Sulpice de Paris.

A PARIS,

Chez RAYMOND MAZIERES, ruë S. Jacques, prés la ruë
du Plâtre, à la Providence.

M. DCCVII.

AVEC APPROBATION ET PRIVILEGE DU ROY.

TEXTE
DU SAINT EVANGILE
SELON SAINT LUC.

EN ce temps-là, Jesus allant à Jerusalem , paſſoit par le milieu de la Samarie & de la Galilée, & comme il étoit ſur le point d'entrer dans un certain Château , il eut à ſa rencontre dix Lepreux , qui s'arrêterent, & ſe tinrent éloignez : Et ils éleverent leur voix , diſant: Jeſus Precepteur, ayez pitié de nous. Les ayant aperçus, il leur dit : Allez montrez-vous aux Prêtres. Et il arriva que comme ils y alloient , ils furent purifiez de leur lepre. L'un d'eux voyant qu'il étoit gueri retourna ſur ſes pas, glorifiant Dieu à haute voix , & il tomba ſur ſa face aux pieds de Jeſus-Chriſt, luy ren-

dant graces, & celuy-cy étoit Samaritain. Alors
Jesus dit : Est-ce qu'il n'y en a point eu dix de
gueris ? où sont donc les neuf autres ? Il ne s'en
est trouvé aucun qui soit revenu, & qui ait ren-
du gloire à Dieu, que cet Etranger ? & il luy
dit : Levez-vous, allez, vôtre foy vous a sauvé.
S. Luc Chap. 17. *v.* 11.

    Il est à propos d'avertir icy, que comme les circonstances de la guerison
d'un autre Lepreux, rapportée dans S. Mathieu Chapitre 8. v. 1. & dans
S. Marc Chapitre 1. v. 40. & dans S. Luc Chapitre 5. v. 12. ont beaucoup
de raport à celles de la guerison des dix Lepreux d'aujourd'huy, on a cru
les devoir joindre ensemble, parce qu'elles contiennent d'importantes in-
structions sur le même sujet.

Occurerunt ei
decem viri
Leprosi
S. Luc C. 17. V. 12.

Nonne decem
mundati sunt
et novem,
ubi sunt?
S. Luc. Ch. 17. V. 17.

HOMELIE VINGTIÉME
SUR
LES DIX LEPREUX.

'O N a plusieurs fois observé, aprés les Saints Peres, que les infirmitez corporelles dont Jesus - Christ délivroit les malades, n'étoient que les figures des infirmitez spirituelles dont ce celeste Medecin délivroit les pecheurs : que l'hydropisie signifioit l'avarice, & l'orgueil : La main aride, l'impuissance de l'homme à faire le bien : La paralysie, son indolence & sa tiedeur dans les exercices de pieté ; mais sur tout, que la lépre, appellée par S. Augustin, *vitium carnis*, & par S. Chrysostome, *passio carnalis*, étoit une image expresse de la luxure dont Jesus-Christ a marqué par tout tant d'horreur. En effet il a permis au demon de le tenter de plusieurs sortes de pechez ; de gourmandise, de vaine gloire,

In offic. dici.
Hom. 21.
in Matt.

Q qqqq iij

d'avarice ; d'ambition , d'idolatrie même , mais de luxure , non.

Il a toleré des Apôtres , & des Diſciples imparfaits, & ſujets à divers defauts , coupables de pluſieurs crimes : il en a eu qui ſe ſont laiſſé aller à la colere , comme les fils de Zebedée , qui vouloient faire deſcendre le feu du Ciel pour conſumer une Ville ; d'ambitieux , comme les mêmes Diſciples, qui pretendoient les plus éminentes places dans ſon Royaume; d'orgueilleux, qui diſputoient le premier rang dans le College Apoſtolique ; d'incredules , comme S. Thomas ; il en a eu qui l'ont renoncé, comme S. Pierre; qui l'ont trahi & vendu, comme Judas ; mais quelqu'un qui ait paru n'être pas chaſte , aucun.

Il a ſouffert toutes les médiſances de ſes ennemis ; qu'on l'ait appellé gourmand ; amateur de la bonne chere , & du vin ; ami des pecheurs , & des Publicains : qu'on l'ait regardé comme un Samaritain , un ſéducteur , un poſſedé , un blaſphemateur : La calomnie s'eſt déchaînée contre luy ; mais d'avoir oſé luy imputer quelque choſe contre la pureté , jamais.

Il n'a pas refuſé d'être traité comme le fils d'un artiſan , ni qu'on ait crû qu'il étoit né d'une femme par la voye ordinaire : mais qu'on ait penſé qu'il fût né d'une adultere, il ne l'a pas voulu.

Il a été ſi reſervé à s'entretenir avec des perſonnes de different ſexe, que les Diſciples s'étonnerent Joan. 4. 25. de ce qu'il parloit à la Samaritaine : *mirabantur quia cum*

muliere loquebatur : & il n'a reçu & ne reçoit encore au nombre de fes Miniftres Apoftoliques, que ceux
qui font ornez de la virginité , ou de la continence.

Tel eft l'exemple que Jefus-Chrift a voulu nous
donner : Il n'avoit pas befoin de ces prudentes pré-
cautions; mais nous avions befoin de ces importantes inftruâions : & il s'eft toûjours tellement fouve-
nu de fe montrer à fon Pere comme fa digne image,
qu'il n'a pas oublié de fe montrer à nous, comme
nôtre parfait modele.

PREMIERE CONSIDERATION.

Arreftons-nous aux paroles du facré Texte.

Premierement, il eft dit que Jefus-Chrift paffoit ,
& qu'il marchoit, quand ces Lepreux fe trouverent
à fa rencontre , *Dum iret Jefus, tranfibat, occurrerunt ei decem viri leprofi.* Expreffion myfterieufe , qui vous découvre l'obligation que vous avez d'éviter les occafions de contraâer cette lépre fpirituelle, & de ne
point vous arrêter dans un air fi contagieux que
celuy qu'on refpire auprés des perfonnes qui font in-
feâées de cette dangereufe maladie. Confiderez les
exhortations que la Sageffe éternelle, qui connoift
parfaitement la foibleffe humaine , & ce que vous
avez à craindre & à éviter, vous fait là-deffus ; ne
perdez pas le moindre de fes avis ; prêtez attentivement l'oreille à fes enfeignemens ; foyez docile à la
voix d'une fi bonne mere. Mon cher enfant, vous
dit-elle, recevez mes confeils comme des oracles qui
viennent de la bouche même de Dieu : ferrez les ,

& confervez-les auffi foigneufement que l'avare cache un riche trefor. Ouvrez vos oreilles à ma voix, mon cher fils, & rendez-vous attentif aux raifons de la fageffe qui vous parle : *Fili mi, fufcipe fermones meos, & mandata mea abfconde penes te : audiat fapientiam auris tua, inclina cor tuum ad cognofcendam prudentiam.* Mais pourquoy cette exhortation fi preffante ? le voicy : C'eft, mon cher enfant, afin que vous évitiez les pieges que vous tend la beauté trompeufe de la femme deshonnête, qui fçait amollir fes difcours, & par fes appas enchanteurs faire oublier Dieu en l'oubliant elle même, *ut eruaris à muliere mala, quæ mollit fermones fuos, & pacti Dei fui oblita eft.* Sçachez, mon fils, que la maifon de cette infortunée eft toûjours fur le penchant de fa ruine, que ceux qui la frequentent y trouveront la mort : que fes démarches les conduiront en enfer, & qu'ils s'engagent dans un labyrinthe, dont ils ne fortiront jamais. *Inclinata eft enim ad mortem domus ejus, & ad inferos femitæ ipfius ; omnes qui ingrediuntur ad eam non revertentur, nec apprehendent femitas vitæ :* Mon cher fils, retenez bien les preceptes de vôtre pere, & ne méprifez-pas les avis falutaires de vôtre mere : *Conferva, fili mi, præcepta patris tui, & ne dimittas legem matris tuæ.* Recevez mes confeils, & les gardez avec foin comme un bien ineftimable : que les avis que j'ai à vous donner vous foient auffi chers que la prunelle de vos yeux : faites une alliance fi étroite avec la fageffe, que vous l'appelliez vôtre fœur, & vôtre amie : *Fili mi, cuftodi fermones meos, & præcepta mea reconde tibi : fili ferva mandata mea, & vives, &*

& legem meam quafi pupillam oculi tui : dic fapientiæ: So-
ror mea es, & prudentiam voca amicam tuam. Mais à quoy
particulierement fe terminent des avertiffemens fi
reiterez ? à quoy me fervira-t-il de m'y rendre fidelle ?
à vous défendre fur toutes chofes contre les appas decevans de la femme lafcive, d'autant plus dangereufe, qu'elle paroift plus douce & plus aimable.
Ut cuftodiant te à muliere extranea, quæ verba fua dulcia fa-
cit. Ne vous laiffez point toucher à fa beauté, mon
cher enfant, ni prendre à fes geftes diffolus, & à fes
manieres affectées : *non concupifcat pulchritudinem ejus cor* *Pro. 6. 25*
tuum, nec capiaris nutibus ejus. Le prix de ce peché à
peine eft-il d'un morceau de pain ; mais la malheu-
reufe qui le fait commettre ravit à l'homme fon ame,
toute precieufe qu'elle eft. *Pretium enim fcorti vix eft* *Pro. 6. 2.*
unius panis, mulier autem viri pretiofam animam capit. J'ay
l'experience de tous les biens & de tous les maux du
monde, *luftravi univerfa animo meo*, & j'ay trouvé *Eccl. 7.*
que rien ne doit être plus redoutable à l'homme que
la femme mondaine ; qu'elle luy eft une fource iné-
puifable d'amertume, de deplaifirs, & de chagrins
plus fâcheux que la mort même ; que les pieges de fa
beauté font plus dangereux que ceux du chaffeur, &
que fes charmes enchaînent infenfiblement le cœur :
le jufte feul, qui les fuit, évitera fes embuches ; mais
le pecheur qui s'y expofe y tombera infailliblement,
& ne pourra s'en dégager. *Et inveni amariorem morte mu-* *Eccl. 7. 28.*
lierem, quæ laqueus venatorum eft, & fagena cor ejus, vincula
funt manus illius : qui placet Deo effugiet illam, qui autem
peccator eft capietur ab illa. Mon cher enfant, fervez-vous

R rrrr

de mes difcours comme d'un contrepoifon pour les oppofer à fes attraits ; défendez à vos yeux de la confiderer, & à vôtre cœur de la convoiter, fuyez fa rencontre, & gardez vous de fuivre fes pas qui vous conduiroient immanquablement au précipice. *Pro. 3. 24. Nunc ergo, fili mi, audi me, & attende verbis oris mei. Ne abftrahatur in viis illius mens tua, neque decipiaris femitis ejus.* C'eft une ennemie publique dont prefque tous les hommes éprouvent les bleffures, s'ils ne l'évitent : c'eft un écueil où leur vertu peu affermie fait fans ceffe naufrage : elle a vaincu la plûpart de ces inconfiderez qui fe font expofez à fes traits, elle a fait fentir aux fages préfompteux la foibleffe de leur raifon ; & ces pretendus grands hommes qui par la force de leurs armes avoient triomphé de toute la terre, ont fouvent indignement cedé à la douceur des yeux d'une proftituée, & en font devenus les efclaves. *Pro. 7. 24. Multos enim vulneratos dejecit, & fortiffimi quique interfecti funt ab ea.* Comment donc oferiez vous frequenter une adverfaire fi dangereufe ? fa maifon, mon fils, eft un chemin qui conduit aux enfers, & qui fe termine enfin à la mort éternelle. *Pro. 7. 24. Via inferi domus ejus, penetrantes in interiora mortis.* Ne foyez pas comme un jeune infenfé qui fe laiffe enveloper dans les rets de fon frequent & doux entretien, & fuborner aux paroles emmiellées qui fortent de fa bouche : *confidero vecordem juvenem, irretivit eum multis fermonibus, & blanditiis labiorum protraxit illum.* Ne foyez pas comme un aveugle, qui ignore qu'on l'entraine dans les fers, & qu'il va devenir la victime d'une paffion honteufe : femblable ou à un oyſeau imprudent qui met ſa tête dans le lacet, ſans conſiderer que ce petit morceau, dont il eſt ſi avide, luy coûtera la vie : ou à un vil animal qui ne ſçait pas qu'on le mene à la boucherie. *Statim eam ſequitur, quaſi bos ductus ad victimam, ignorans* Pro. 7. 21. *quòd ad vincula ſtultus trahatur : velut ſi avis feſtinet ad laqueum, & neſcit quòd de periculo animæ ejus agitur.*

C'eſt donc ſeulement par vôtre fidelité à fuïr une telle ſocieté, que vous échaperez les pieges qu'elle vous tend par ſes diſcours empoiſonnez, & par ſa beauté trompeuſe : Je vous conjure, mon cher enfant, continuë la Sageſſe, de ne point laiſſer toucher vôtre cœur à ſes charmes, & de ne défendre pas moins vôtre liberté contre la douceur de ſes yeux, que contre les flateries de ſes paroles : *Ut cuſtodiaris* Pro. 6. 53. *à muliere mala, & à blanda lingua extraneæ, non concupiſcat pulchritudinem cor tuum, nec capiaris nutibus ejus.* Si vous aviez autant de diſcernement pour découvrir les mauvaiſes qualitez de ſon ame, que vous en avez pour juger des beautez de ſon corps, l'extrême mépris que vous auriez d'elle repondroit à ſon peu de merite, & vous n'aviliriez pas un cœur auſſi noble que le vôtre, juſqu'à le donner à une creature ſi mépriſable, *pretium enim ſcorti vix eſt unius panis, mulier au-* Pro. 6. 24 *tem viri pretioſam animam capit.* Eſt-ce que l'homme peut cacher du feu dans ſon ſein ſans ſe brûler ? ou marcher ſur des charbons ardens ſans que ſes pieds en ſouffrent ? comment-donc pourriez-vous approcher d'une femme deshonnête, ſans vous ſouiller ? *Num-* Pro. 6. 27. *quid poteſt homo abſcondere ignem in ſinu ſuo, ut veſtimen-*

ta illius non ardeant? aut ambulare super prunas, ut non comburantur planta ejus? Combien le crime auquel vous vous exposez est-il plus grand que celuy du voleur qui dérobe, pressé par la necessité, puisque la misere de celuy-cy ne le rend pas moins digne de compassion que le larcin de châtiment; qu'il peut reparer son crime, rendant plus qu'il n'a pris, & expier son injustice par la perte de son bien : *Non grandis est culpa cùm quis furatus fuerit, furatur enim ut esurientem impleat animam, deprehensus quoque reddet septuplum, & omnem substantiam domus suæ tradet.* Mais l'impudique cherchant à satisfaire sa passion brutale, sacrifie son ame, toute precieuse qu'elle est, à ses honteux desirs. *Propter cordis inopiam perdet animam suam.* Il sera couvert de confusion au jour des vengeances, & la memoire de son crime infame, ne s'effacera jamais : *Turpitudinem & ignominiam congregat sibi.* Ce malheureux ne doit point esperer de fléchir alors son Juge par ses prieres, ni de l'appaiser par ses presens; car rien ne le délivrera des mains de sa Justice redoutable : *Nec acquiescet cujusquam precibus, nec suscipiet pro redemptione dona plurima.*

Que si tant d'avertissemens de la Sagesse Eternelle ne font pas d'impression sur vous, si vôtre cœur rebelle ne veut pas se rendre à des avis si salutaires, tremblez du moins par la consideration des dangers terribles où elle assure que vous vous exposez par une conduite opposée; Car elle vous avertit que vous ayez à ne pas envisager la femme immodeste, parce que c'est un basilic qui peut vous tuer de sa seule vuë :

Plufieurs , dit-elle , pour avoir confideré labeauté d'u-
ne femme font devenus des reprouvez : *Speciem mu-* Eccl. 9. 11.
lieris multi contemplati , reprobi facti funt. Mon cher Fils,
ajoute-t-elle , détournez vos yeux de deffus cette ef-
frontée , de peur que vous ne tombiez dans fes la-
cets. *Ne refpicias mulierem multivolam ne fortè incidas in* Eccl. 9. 11
laqueos illius. N'arrêtez point vos regards fur une Vierge , de peur que cette fleur de jeuneffe, & les agréables atours dont elle rehauffe fa beauté, n'empoifon-
nent vôtre cœur , & ne vous foient une occafion de
ruine : *Virginem ne confpicias, ne fortè fcandaliferis in de-* Eccl. 9. 5.
core illius : Averte faciem tuam à muliere compta. Eccl. 9. 4.

Elle vous avertit que vous ne l'écoutiez pas , parce que c'eft une firene qui vous enchantera pour vous
abimer : gardez vous bien, dit-elle, de frequenter une
femme mondaine , & de prêter l'oreille à la douceur
de fa voix, fi vous ne voulez fuccomber à fes attraits
& perir malheureufement : *Cum faltatrice ne affiduus* Eccl. 9. .
fis , nec audias illam , ne fortè pereas in efficacia illius.

Elle vous défend de vous entretenir avec elle ,
parce que fes paroles font un fouffle qui allumera
vôtre convoitife , la chofe du monde la plus fufcep-
tible de cette flâme, *colloquium mulieris qaafi ignis exar-* Eccl. 9. 11.
9. 9.
defcit , & ex hoc concupifcentia quafi ignis exardefcit. Elle
vous défend de l'envifager, parce que c'eft une Circé,
qui d'homme raifonnable, vous transformera en une
bête brute : *Propter fpeciem mulieris multi perierunt.* C'eft Eccl. 9. .
pourquoy David , comme tout metamorphofé par ce
peché , difoit qu'il eftoit devenu femblable à un animal privé de raifon : *Ut jumentum factus fum apud te.*

R rrrr iij

Et le Prophete compare les luxurieux à des chevaux indomptez. *Equi emiſſarii amatores tui.* Elle vous défend de vous approcher d'elle, parce que c'eſt une pierre d'aiman qui vous attirera infailliblement dans l'abîme de la perdition, ſi vous vous amuſez ſur tout à vous aſſeoir auprés d'elle, & à vous entretenir avec elle : *Cum muliere ne ſedeas omninò, nec accumbas ſuper cubitum, ne fortè declinet cor tuum in illam, & labaris in perditionem.* Elle vous défend de manger avec elle, de peur qu'elle ne vous empoiſonne : & elle vous aſſure que le vin & les femmes ont fait tomber les plus ſages dans l'apoſtaſie, *vinum & mulieres faciunt apoſtatare ſapientes.* Elle vous ordonne de ne la toucher point, & de ne prendre jamais la moindre liberté avec elle, de peur que vous ne contractiez une ſouïlleure dont toute l'eau de la Mer ne vous laveroit pas : *non erit mundus cùm tetigerit eam.*

Eccl. 9. 12. en marge

Eccl. 19. 2. en marge

Pro. 6. 29. en marge

Pour vous détourner encore davantage de toute ſorte de frequentation & d'habitude avec une femme dereglée, l'Ecriture ne laiſſe aucune partie dans cet objet qui paroît ſi beau aux yeux de vôtre corps, dont elle ne faſſe voir la laideur aux yeux de vôtre eſprit, & dont elle ne découvre le venin à vôtre cœur.

Elle vous dit que ſes pieds ſi bien faits, & ſes démarches ſi agréables, conduiſent à la mort, & à l'Enfer : Mon Fils, vous dit-elle, ne vous laſſez point d'être attentif à ma voix, & d'être obeïſſant à mes conſeils. *Fili mi, attende ad ſapientiam meam, & prudentiæ meæ inclina aurem tuam,* dont le plus important eſt de ne

Pro. 5. 6. en marge

vous laisser pas éblouir à la beauté trompeuse de la femme lascive ; *Fili mi, ne attendas fallaciæ mulieris.* Car c'est un prestige qui vous ensorcelera. Toutes ses paroles sont étudiées, & elle y mêle un poison secret caché sous des douceurs si engageantes, qu'il est bien difficile de le rejetter. On diroit à l'entendre parler, que ses levres distillent le miel, & les paroles sortent de sa bouche plus coulantes que l'huile la plus pure. *Favus enim distillans labia meretricis, & nitidius oleo guttur ejus.* Mais ce qui paroît d'abord si doux & si charmant, produira enfin mille douleurs, le miel de ses paroles se changera en absinte, & ses levres cachent un glaive tranchant, dont vous sentirez tôt ou tard les mortelles blessures : *Novissima autem illius amara quasi absinthium, & acuta quasi gladius biceps.* Tous les pas qu'elle fait conduisent à la mort, & entraînent ceux qui la suivent dans l'enfer : *Pedes ejus descendunt in mortem, & ad inferos gressus ejus penetrant.* Elle ignore entierement le chemin de la veritable vie, & elle en prend de si détournez que ceux qui les suivent, avec elle, quelques éclairez qu'ils soient, ne les sçauroient reconnoître, & s'engagent insensiblement dans un labyrinthe, dont ils ne trouveront jamais d'issuë : *Per semitam vitæ non ambulant, vagi sunt gressus ejus & investigabiles* C'est pourquoy, mon Fils, je vous conjure de mettre en usage mes conseils, & de ne pas vous écarter du sentier que je vous trace, *nunc ergo, Fili mi, audi me, & ne recedas à verbis oris mei.* Evitez, mon cher Enfant, une si dangereuse ennemie, écartez vous de son chemin, & n'approchez pas seulement de ſa maiſon. *Longe fac ab ea viam tuam, & ne appropinques foribus domus ejus.* Sçachez que ſes mains ſont des liens plus difficiles à rompre, que ne le ſont les chaînes de fer les plus fortes : que celuy-là ſeul qui ſert Dieu d'un cœur pur en ſera préſervé ; mais que le pecheur en deviendra l'eſclave. *Vincula ſunt manus illius, qui placet Deo effugiet illam, qui autem peccator eſt, capietur ab illa.*

Ecl. 7, 27.

Que ſa gorge & ſes levres, quelques beautez qu'elles étalent, cachent une abſinte inſupportablement amere, & que leur bleſſure eſt plus dangereuſe que celle d'un glaive à deux tranchans : *Fili mi, ne attendas fallaciæ mulieris : favus enim diſtillans labia meretricis, & nitidius oleo guttur ejus; noviſſima autem illius amara quaſi abſinthium, & acuta quaſi gladius biceps.*

Pro. 5. 3.

Que ſa langue, ſa voix, & ſes paroles tendent des rets ſi dangereux, qu'il eſt moins aiſé de s'en défendre, qu'à un petit oyſeau de s'échaper des filets d'un chaſſeur ruſé : *Conſerva, fili mi, præcepta patris tui, ut cuſtodiant te à muliere mala & à blanda lingua extranea, ut eruaris à muliere quæ mollit ſermones ſuos.*

Pro. 2. 61.

Que tous ſes mouvemens, ſes geſtes, ſes poſtures, ſes manieres, ſont ſi engageantes, qu'on a toutes les peines du monde à défendre ſon cœur contre tant d'appas, ſi on s'amuſe à les conſiderer : *Fili mi, non concupiſcat pulchritudinem ejus cor tuum, nec capiaris nutibus ejus.*

Pro 6. 53.

Que ſon viſage eſt un piege, & ſon cœur un filet dont les demons ſe ſervent pour attraper & enveloper les ames, comme les chaſſeurs & les pêcheurs uſent

de ces

de ces fortes d'inftrumens pour prendre les oyfeaux,
& les poiffons : & qu'ainfi rien ne doit être plus redoutable à l'homme fage, que la focieté d'une fi dangereufe compagne ; *Luftravi univerfa animo mco, & in-* Eccl. 7. 27.
veni amariorem morte mulicrem ; quæ laqueus venatorum eft ,
& fagena cor ejus. De tant d'autoritez fi fortes, il paroît vifiblement que le moyen le plus fûr pour con-
ferver la chafteté, cette vertu fi rare, fi precieufe,
fi neceffaire, & pour fe défendre de la luxure, vraye
lépre fpirituelle de nos ames, eft d'éviter les occafions
dangereufes ; de ne point s'arrêter dans aucun commerce d'inclination avec les perfonnes de different
fexe, & de s'en tenir prudemment éloigné : Car c'eft
ce que nous infinuë cette parole de nôtre Evangile :
Jefus paffoit, Jefus marchoit, Jefus s'en alloit ; les Lépreux fe tenoient éloignez. *Dum iret Jefus ; tranfibat Je-*
fus : Leprofi fteterunt à longe. C'eft le confeil falutaire de
S. Paul : Fuyez, dit il, fuyez la luxure, *fugite fornicatio-*
nem : L'Apôtre ne dit pas, comme obferve S. Chryfoftome, combatez ou attaquez à force ouverte ce vice ; mais fuyez-le : *Fugite :* On peut refifter en face
aux autres tentations ; mais il faut fuir celle cy, il
faut fuir les perfonnes, les lieux, les lectures,
les regards, les entretiens, *fugite.* C'eft ainfi que le
Saint Patriarche Jofeph en ufa : Il s'enfuit & laiffa
fon manteau entre les mains de celle qui vouloit
luy ravir fon ame : *Relicto in manu ejus pallio, fugit.* Telles furent les armes dont il fe fervit pour remporter la
victoire, dit faint Bafile, *Fugâ ufus eft pro armis :* il laiffa même ce manteau entre les mains de cette malheu-

S ffff

reufe, comme s'il eût craint, felon la remarque de S.
Jerôme, que ce vétement infecté par l'attouchement
d'une femme impure, ne luy communiquât quelque
impreffion de cette lépre fpirituelle. Enfin S. Auguftin a prononcé cette maxime reçuë de tous les Peres de la vie fpirituelle, & confirmée par une infi-
nité d'exemples, que fi l'on veut remporter la victoire contre cette honteufe tentation, il faut avoir re-
cours à une glorieufe retraite. *Contra libidinis impetum
apprehende fugam, fi vis habere victoriam.* Cette Doctrine eft fondée fur trois excellentes raifons.

Premierement, parce que celuy qui lute contre un
homme couvert de boüe, quand même il renverfe-
roit fon adverfaire, & qu'il le furmonteroit, il ne
laiffera pas de fe falir, & de fe fouiller luy-même
tout vainqueur qu'il foit : car il eft écrit : *Qui tetigerit picem, inquinabitur ab ea :* & le Sage ajoute : *Sic non
erit mundus, cùm tetigerit mulierem.*

Eccl. 13. 1.

En fecond lieu, parce que l'entretien d'un efemme
deshonête, eft un feu qui brûle celui qui ofe s'en approcher : *Colloquium mulieris, quafi ignis exardefcit ;* le
cœur de l'homme n'étant que trop difpofé a s'enflamer
de ce feu malheureux : *Omnis caro fœnum, & ftipula
ficca,* pour s'exprimer avec l'Ecriture.

Enfin un Roy fage évite le combat avec foin, quand
il fçait que la moitié de fon Armée paffera du côté
de l'ennemi, fi-tôt que la bataille aura commencé ;
c'eft ainfi que les Philiftins prêts de combattre les Ifraëlites difoient à leur Roy, parlant de David, qui
perfecuté par Saul s'étoit réfugié chez eux, & fe trou-

voit lors dans leur armée : renvoyez cet homme , &
qu'il ne vienne point avec nous au combat, de peur
que quand nous ferons au fort de la mêlée , il ne nous
abandonne, & ne paffe du côté de nos ennemis. *Rever-*
tatur vir ifte , & non defcendat in pralium , ne fiat nobis ad-
verfarius cùm praliari cœperimus. Ainfi quand nous fommes affez imprudens pour nous expofer aux occafions & aux objets capables de nous tenter, nous de-
vons nous attendre que la moitié de nous-mêmes fe
revoltera contre nous-mêmes en prefence d'un ennemi, qui n'a que trop de correfpondance chez nous.
C'eft la premiere reflexion que ces paroles de nôtre
Evangile nous ont donné lieu de faire : *Dum iret Jefus :*
Tranfibat Jefus : Leprofi fteterunt à longè. Et qu'on ne s'é-
tonne pas , fi l'on trouve en fi peu de paroles tant
d'inftrudions. Tout eft plein , tout eft myfterieux ,
tout fignifie dans l'Ecriture ,pourvu qu'on veuille
l'aprofondir, & ne pas être fuperficiel, fuivant S. Ambroife : *Deus in fuperficie non jacet :* Par exemple Dieu
avoit autrefois défendu l'ufage de divers animaux ,
quoyque de leur nature bons , afin que les Juifs par
cette interdidion exterieure, appriffent les vertus in-
terieures qu'ils devoient pratiquer, & les vices qu'ils
devoient éviter : La Loy leur défendoit de manger
des oyfeaux de proye, c'étoit pour leur apprendre que
Dieu avoit en horreur la rapine : elle défendoit de
faire cuire le chevreau dans le lait de fa mere, c'étoit
pour leur donner de l'averfion de la cruauté & de l'in-
humanité , & qu'il ne falloit pas ajouter afflidion fur
afflidion à un malheureux ; ils ne devoient point en-

femencer le même champ de diverfes fortes de grains, pour leur infinuer de ne pas méler la fauffe Doctrine avec la bonne : Elle ordonne de ne pas lier la bouche au Bœuf qui travaille dans l'Aire, c'eft à dire de ne point refufer le falaire au mercenaire ; de ne point fe vêtir d'une robe tiffuë de laine & de fil mêlez enfemble, c'eft-à dire, de ne point ufer de duplicité ni de fineffe dans fa conduite : de ne point manger la chair de pourceau, c'eft à dire d'avoir en horreur les vices charnels : Et c'eft de cette forte que le fens fpirituel eft renfermé dans le fens litteral, & que le fens litteral renferme le fens fpirituel, ainfi que la corbeille de jonc renfermoit Moyfe : ce qui a fait dire à S. Auguftin que le Nouveau Teftament étoit envelopé dans l'ancien: *in veteri Teftamento novum latet* : & que l'ancien Teftament eft développé dans le nouveau : *in novo vetus patet.* Pleins de ces fcavantes idées prifes des Peres , continuons l'explication de nôtre Evangile, qui va nous confirmer une fi haute Theologie, & fous de fimples expreffions , nous donner d'importantes inftructions. *Audiamus Scripturam humiliter excelfa dicentem* , dit S. Auguftin.

In Exod. 4. 73.

SECONDE CONSIDERATION.

Le Texte Sacré nous apprend que Jefus-Chrift allant à Jerufalem , & paffant par Samarie eût à fa rencontre dix Lépreux, qui fe tenant éloignez crierent à haute voix , ô Jefus ! Divin Precepteur, qui nous enfeignez une Doctrine toute celefte, ayez pitié de nous : *Occurrerunt ei decem viri leprofi, qui fteterunt*

à longè ; *& levaverunt vocem, dicentes :* *Jefu Præceptor,*
miferere nobis : furquoi nous pouvons faire les réfle-
xions fuivantes : Car tout eft remarquable dans l'E-
criture, & il n'y a rien qui ne foit plein de raifon,
de fageffe, d'inftruction.

1°. Ces Lépreux fe prefenterent au Sauveur quand
il alloit en Jerufalem, *& factum eft dum iret in Jerufalem :*
qu'eft-ce que cela nous aprend ? fi ce n'eft que ceux
qui pleins de bons defirs vont à la celefte Cité, trou-
vent fouvent en leur chemin des Efprits immondes
qui les importunent. *Dum iret Jefus in Jerufalem, occur-*
rerunt ei decem viri leprofi. Le feul exemple de S. Antoine, nous fuffira prefentement pour nous faire com-
prendre cette verité. Le Demon voyant le progrez du
jeune Antoine dans le chemin de la vertu, dit Saint
Athanafe, refolut de l'attaquer par les attraits de la
volupté, il s'éforçoit de luy mettre dans l'efprit des
idées impures, & nôtre jeune Solitaire les chaffoit par
une priere affiduë: *oratu fubmovebat affiduo.* Le Demon tâchoit d'exciter dans la chair de ce chafte Solitaire des ar-
deurs fenfuelles, Antoine la mortifioit par les veilles, &
les jeûnes, *vigiliis & jejuniis corpus omne vallabat :* le Demon pendant la nuit luy prefentoit des femmes belles
& lafcives : Antoine fe reffouvenoit de ce feu vangeur
qui ne s'éteint point, de ce ver rongeur qui ne s'endort
point : *Ultrices gehennæ flammas, & dolorem vermium.* Enfin le Demon fe voyant repouffé par tout, s'apparut un
jour à luy fous la forme d'un petit More horrible, & difoit en pleurant, profterné aux pieds d'Antoine : J'en ay
feduit plufieurs, j'en ay trompé plufieurs, mais enfin tu

m'as vaincu Et qui es-tu , luy dit nôte Saint ? Je m'appelle, luy dit-il, l'ami de la fornication. C'eſt moy qui tâche par mille moyens d'allumer le feu de la convoitiſe dans le cœur des jeunes gens. Ah ! combien en ay-je renverſé qui ſe propoſoient de vivre chaſtement ! *Quantos pudicè vivere diſponentes fefelli* ! Combien en ay-je fait retourner en arriere, qui avoient commencé de ſuivre le ſentier de la pureté ? *Quot incipientes redire perſuaſi ?* Car c'eſt de moy dont le Prophete a parlé quand il a dit que le peuple de Dieu avoit été perverti par l'eſprit de fornication : *ego ſum propter quem Propheta lapſos increpat dicens : ſpiritu fornicationis ſeducti eſtis :* ainſi qui que vous ſoyez , & quelque bonne intention que vous ayez d'aller à la Jeruſalem celeſte , attendez vous de trouver ſur vôtre route ces figures impures , qu'il vous faudra combatre & vaincre : *Dum iret Jeſus in Jeruſalem occurrerunt ei decem viri leproſi.*

2°. Les Lépreux ſemblent ſe trouver ſur le chemin de Jeſus-Chriſt comme par hazard , *occurrerunt ei decem Leproſi,* parce qu'il eſt rare, & que les Lépreux ſpirituels de deſſein prémedité cherchent Jeſus-Chriſt , & que Jeſus-Chriſt les cherche : ainſi qu'ils profitent de l'occaſion quand elle ſe preſente, comme firent les Lépreux , de peur que l'occaſion mépriſée ne ſe preſente plus : *Qui deſerit opportunitatem, opportunitas eum deſeret ,* dit S. Gregoire.

3°. Ils ſe tenoient éloignez de Jeſus-Chriſt, *ſteterunt à longè* , pour montrer que ce peché met un extreme éloignement entre le Seigneur , & ceux qui en ſont infectez: Et par conſequent qu'ils imitent ces Lépreux, qu'ils élevent leurs voix pour invoquer Dieu, & s'en rapprocher : *clamaverunt.*

4°. Ce fut en voyageant & en marchant que Jeſus-Chriſt les ſecourut, *dum iret Jeſus*, les luxurieux n'étant gueres viſitez du Seigneur que comme en paſſant, & par des illuſtrations peu durables ; qu'ils s'arrêtent donc ainſi que firent les Lepreux, s'ils veulent arrêter le Seigneur, & obtenir leur gueriſon, *qui ſteterunt.*

5°. Ce divin Sauveur étoit alors ſur le point d'entrer dans un Château où il alloit, *cùm ingrederetur quoddam caſtellum* : figure de ſa diſpoſition à leur fermer la porte de ſa miſericorde, s'ils n'ouvrent celle de leur cœur pour crier, ainſi que les Lépreux : Jeſus, ayez pitié de nous, *& levaverunt vocem, dicentes, Jeſu Præceptor, miſerere noſtri.*

6°. Ces Lépreux étoient en Samarie, païs heretique, par lequel la verité incarnée paſſoit ſans s'arrêter, *tranſibat per mediam Samariam* : Or ſelon les Peres, la lepre figure l'hereſie, d'où vient que les Lépreux deſireux de guerir, appellent Jeſus-Chriſt du nom de Precepteur : marquant par là qu'ils pechoient dans la Doctrine : *Jeſu Præceptor*, & que Jeſus-Chriſt les renvoye aux Prêtres & au Souverain Pontife pour leur rétabliſſement : *ite, oſtendite vos Sacerdotibus, Principi Sadotum* : ce qu'il ne faiſoit point à l'égard des autres malades, ſelon la remarque de S. Auguſtin, *nullos niſi Lèproſos invenitur miſiſſe Salvator ad Sacerdotes.* Car il arrive ſouvent que l'Heretique en punition de ce qu'il veut corrompre la foy de l'Egliſe Epouſe de Jeſus-

Chrift, eft luy-même corrompu par la luxure. En effet quelle eft la fecte qui faffe profeffion de la continence ? quel eft le novateur qui foit chafte ? *Rarò Hæreticus diligit caftitatem*, dit S. Jerôme: S. Paul enfeigne que les faux Docteurs font des adulteres de la parole de Dieu : *Adulterantes verbum Dei* : alterant la verité par le menfonge, & cherchant du plaifir dans la predication, & non des enfans, ainfi que l'adultere, dit S. Gregoire : *Adulter quippe non prolem, fed voluptatem quærit ; quem enim libido gloriæ ad loquendum trahit, voluptati magis quam generationi operam impendit.* Que celui qui veut donc fe préferver, ou fe guerir de cette lépre, forte des confins de Samarie, & qu'il aille en Jerufalem recevoir l'inftruction d'une Doctrine pure, & orthodoxe, par le miniftere du Prêtre Catholique.

7°. Les autres malades venoient à Jefus-Chrift d'eux-mêmes, comme l'Hemorroiffe, *quæ venit & acceffit* ; ou on les luy a menoit comme le fourd & muet: *adducunt ei furdum & mutum* : du moins on intercedoit pour eux, comme les Juifs pour le ferviteur du Centurion : *rogabant follicitè dicentes ei, quia dignus eft ut hoc illi præftes* : Enfin le Sauveur s'arrêtoit pour les écouter, ainfi qu'il fit à l'aveugle de Jerico : *Stans autem Jefus juffit eum adduci ad fe.* Mais icy rien de femblable, *occurrerunt ei decem viri leprofi* : aucun conducteur, aucun guide, aucun interceffeur ; nul deffein formé, nul propos déliberé de la part des Lépreux pour chercher leur medecin. Or toutes ces confiderations nous montrent, combien la guerifon des Lépreux fpirituels eft difficile & rare.

Premie-

Premierement, parce qu'ils ne la veulent pas : Seigneur, difoit un autre Lépreux à Jefus-Chrift, fi vous voulez, vous pouvez me guerir, *Domine, fi vis, potes me mundare.* Expreffion qui marque un défaut de volonté en ces fortes de malades. Si vous voulez, difoit-il, *fi vis,* comme s'il fentoit bien ne le vouloir pas de bonne foy luy-même, du moins pleinement. Tel étoit S. Auguftin, qui parlant des temps malheureux aufquels il étoit infecté de cette lépre, difoit à à Dieu : Seigneur, donnez-moy la chafteté, *at ego mifer valdè, petieram à te caftitatem;* mais ne me la donnez pas encore; *fed noli modò;* comme s'il eût craint d'être trop tôt exaucé, & trop promptement gueri de cette convoitife, que je voulois, ajoûte-t-il, plûtôt affouvir que refrener. *Timebam enim ne me citò exaudires, & citò fanares à morbo concupifcentiæ, quam malebam expleri quàm extingui.* L'ennemi tenoit ma volonté enchaînée : *Velle meum tenebat inimicus, & inde mihi catenam fecerat, & conftrinxerat me :* Et je vivois fous la dure loy d'une coûtume inveterée, que pour comble de mifere j'aimois. Ce Lépreux témoigne donc la corruption de fa volonté, en difant : Seigneur, fi vous voulez vous pouvez me guerir : *fi vis;* car pour moy je ne puis pas dire que je le veuille : ou plûtôt, je le veux, & je ne le veux pas. C'eft à vous, Seigneur, à le vouloir de cette volonté abfoluë qui guerit prefque indépendamment de la volonté du malade, ou plûtôt qui luy fait vouloir entierement, ce qu'il ne commençoit qu'à vouloir imparfaitement : Ne changez pas feulement mon cœur, mon Dieu, créez en

moy un cœur nouveau, que ce ne soit pas une tranf-
formation , mais une creation. *Vas novum ex fracto
fingens , virtute creandi ,* dit S. Profper. Les autres in-
firmes que vous avez gueris dans vôtre Evangile
étoient bien moins à plaindre que moy : Vous leur
demandiez, que voulez-vous que je vous faffe ? *quid
vis ut faciam tibi ?* Et ils vous répondoient, Seigneur ,
nous voulons voir la clarté du jour, *Domine ut videam :*
Mais pour moy je ne fçaurois dire fincerement , je
veux haïr mes tenebres , je veux haïr ma corruption ,
je ne puis me refoudre à vouloir quitter le lit d'in-
firmité fur lequel je languis , & il ne m'eft pas permis d'aimer ma liberté : Semblable aux Ifraëlites, je
dis avec eux, retirez-vous de moy, & laiffez-moy fervir Pharaon : *recede à nobis , ut ferviamus Pharaoni.*

Secondement, parce qu'ils ne le peuvent pas : D'où
vient que ce Lépreux difoit à Jefus - Chrift , Seigneur, vous pouvez me guerir, *Domine potes me mundare :* Sentant bien fon impuiffance à fe guerir luy-
même : ce n'eft pas que l'homme puiffe non plus par
fes propres forces fe delivrer de tout autre vice ; mais
c'eft qu'il le peut encore moins de celuy-cy, tant les
nœuds en font ferrez. Ce font non des liens de cor-
de qui le garrotent comme ceux de Samfon, mais des
chaînes de fer qui l'accablent comme ceux de Ma-
naffés : *Suspirabam ligatus*, difoit S. Auguftin , *non ferro
alieno , fed meâ ferreâ voluntate.*

Les conviez au banquet de l'Evangile, qui ne tenoient qu'aux honneurs, & aux richeffes, prient le
Pere de famille de les excufer s'ils ne vont pas à fon

festin : *Rogo, habe me excusatum.* Mais le luxurieux luy mande qu'il ne le peut : *Uxorem duxi, ideò non possum venire.* Espece d'impuissance & juste punition de celuy qui n'ayant pas voulu faire le bien qu'il pouvoit, en vient enfin à ce triste état, de ne pouvoir faire le bien qu'il voudroit : *Ista est enim peccati pœna justissima, ut qui rectè facere cum possit, noluit, amittat posse cùm velit,* dit S. Augustin.

La guerison des Lépreux dans l'ancienne Loy, étoit souvent miraculeuse, & il falloit plusieurs ceremonies legales pour éprouver si leur guerison étoit veritable ou non ; on les separoit du reste du Peuple pendant un temps notable, on faisoit pour eux hors du Camp l'oblation d'un Passereau vivant, qu'on laissoit ensuite aller en liberté : On y employoit le bois incorruptible du cedre, l'hysope odoriferante, & la rouge écarlate. Symboles opposez à l'état de mort & de captivité du luxurieux, à la corruption, à la puanteur & à l'ignominie de son peché.

Jesus-Christ donnant à ses Apôtres le pouvoir de guerir les Lépreux, met ce pouvoir au rang de celuy de ressusciter les morts : *Mortuos suscitate, Leprosos mun-* *Mat. 10. 8.* *date.* Saint Paul nous dit que l'incontinent desesperant de pouvoir devenir chaste, se livre en proye, & sans retenuë à toute sorte de lubricitez : *Qui desperan-* *Eph. 4. 19.* *tes semetipsos tradiderunt impudicitiæ in operationem immunditiæ omnis.* Il se livre, parole remarquable, qui montre une volonté libre, comme observe S. Chrysostome.

C'est donc avec raison & que ce Lépreux, appelle Jesus-Christ, Seigneur, *Domine,* reconnoissant & re-

T tttt ij

clamant fon pouvoir abfolu: Seigneur vous pouvez me guerir luy dit-il ; *potes me mundare.* Et que le Seigneur émû de compaffion d'une fi grande mifere où ce peché reduit l'homme, étend fa main toute puiffante; & qu'il le touche, afin que cette guerifon paroiffe mieux être un coup de la droite du Tres-haut : *Jefus autem mifertus ejus extendit manum fuam, & tangens eum ait illi : volo, mundare : & qu'ainfi le malade puiffe dire : le Seigneur a fait en moy de grandes chofes. *Fecit in me magna qui potens eft.*

Mais icy que le malade n'aille pas abufer de cette doctrine, ni fe faire un pretexte d'impenitence de fon défaut de vouloir ou de pouvoir guerir : car outre qu'il n'y a point de maladie incurable à un medecin tout-puiffant , *omnipotenti medico nihil eft infanabile* , dit S. Auguftin ; ne fçait-il pas que nous pouvons tout en celuy qui nous donne les forces ? *omnia poffum in eo qui me confortat.* Que nous voulons tout en celuy qui nous donne la bonne volonté ? *operatur velle pro bona voluntate* : & que tout eft prêt de la part du Medecin ? il a rempli les devoirs d'une mifericorde gratuite , en prévenant le malade de fa grace , & en venant luy-même pour le guerir : *Quantum in medico eft , fanare venit agrotum* , dit Saint Auguftin : Que le malade, de fon cofté, commence donc du moins à vouloir être gueri, ainfi que que les Lépreux d'aujourd'huy : *opus eft ut tu curari velis* : Qu'il ne fe dérobe point à l'operation de fon Medecin, non plus que le Lépreux qui fe laiffa toucher au Sauveur : *Opus eft ut manum ejus non refugias* : que s'il ne guerit pas , ce fera fa faute , & d'être tombé

Tract. 12. in Joa. fub fin.

dans cet état, & de n'en ſortir pas. Ainſi, qu'il ne s'en prenne qu'à luy-même, *ipſe ſe interimit, qui præcepta* Inſr.ſupra. *medici obſervare non vult* ; car s'il eſt fidele à vouloir le bien que le Seigneur luy inſpire, le Seigneur ne manquera pas de luy donner le pouvoir d'executer le bien qui luy eſt inſpiré, & qu'il veut : *illorum eſt culpa & ſterilitas, quorum fæcunditas eſt voluntas*, dit Saint Auguſtin : Autrement, ajoute ailleurs ce Pere, comment recevroit-il la roſée de la divine bonté, s'il n'ouvre pas le ſein d'une bonne volonté ? *Quomodo vis accipere gratiam divinæ bonitatis, qui non aperis ſinum bonæ voluntatis ?*

Au reſte, pour ne rien perdre de ce repas Evangelique, il eſt bon d'en recueillir les fragmens ſuivans.

Jeſus-Chriſt, quoyque maître de tout, renvoyant les Lépreux aux Prêtres, ſelon ce que preſcrivoit la Loy, afin qu'ils viſſent ſi ces malades étoient gueris, ou non, nous apprend :

1°. De ne point toucher aux choſes de la Religion une fois bien établies, & d'éviter tout air d'innovation.

2°. De ſoumettre les miracles mêmes, ſi on en fait, les revelations ſi on en a, & tout ce qui paroît extraordinaire, au Jugement de l'Egliſe.

3°. Jeſus-Chriſt enjoignant au Lépreux de taire ce miracle, nous inſtruit d'éviter la vaine gloire, quand on fait quelque choſe de grand pour le prochain, de peur que la lépre ne paſſe du Lépreux au Médecin qui l'a gueri, ainſi que celle de Naaman à Giezi : *Ne lepra tranſire poſſit in medicum, unuſquiſque dominicæ hu-* Lib. 5. *militatis exemplo, jactantiam vitet : cur enim præcipitur ne-* In Luc.

mini dicere , nifi ut doceret non vulganda noftra beneficia , fed premenda , ut non folum à mercede abftineamus pecuniæ , fed etiam gratiæ.

4°. La Loy renvoyoit l'examen de la guerifon des Lépreux , non aux Medecins , mais aux Prêtres , parce que la lépre étoit fouvent la peine , & toûjours la figure du peché.

5°. Jefus-Chrift difant aux Lépreux , je le veux , foyez gueri , & le touchant , par cela feul , détruifit tout à la fois trois herefies capitales : Celle de Photin , qui nioit la volonté abfoluë en Jefus-Chrift , en difant , *volo* : je le veux. Celle d'Arius , qui nioit la toute-puiffance en Jefus-Chrift , en difant avec authorité , foyez gueri : *mundare.* Celle des Manichéens , qui ne donnoient à Jefus-Chrift qu'un Corps phantaftique , en touchant réellement de fa main le Lépreux : *& tetigit eum.* Telle eft la remarque de *Saint Ambroife* :
L. 5. in Luc. *volo ergo dicit, propter Photinum ; imperat , propter Arium ; tangit , propter Manicheum.*

6°. Les dix Lépreux fe tenoient éloignez : *fteterunt à longè, & levaverunt vocem* : L'autre Lépreux tout de même fléchiffoit les genoux , fe profternoit , il tomboit la face contre terre , *& ecce vir plenus leprá , genu flexo , procidens in faciem.* Image de l'extreme honte du luxurieux ; quels reproches fanglans ne fe fait-il pas à luy-même ? Un homme comme moy , élevé en Nobleffe , en Dignité , en fcience , avancé en âge ; Magiftrat , Juge , pere de famille , être fujet à cette ignominieufe foibleffe. Une Dame de condition & de confideration comme moy , fuccomber à cette in-

famie? si la crainte de Dieu ne peut rien fur moy ,
ne dois-je pas du moins apprehender le deshonneur ,
la perte de la reputation, & les autres accidens fu-
neftes , que ces fortes de pechez n'attirent que trop
ordinairement en ce monde même , fans parler de
l'autre ? car enfin tout fe fçait avec un peu de temps :
& par deffus cela ne crains-je point une mort mau-
vaife , un jugement terrible , cet étang de feu preparé aux fenfuels ? Telles étoient les agitations de faint
Auguftin , lorfqu'on luy raconta la genereûfe refolution de deux Courtifans de l'Empereur qui fur une fim-
ple lecture de la vie de faint Antoine , & prêts de fe ma-
rier , avoient quitté le monde , & s'étoient retirez
dans le defert , pour y paffer le refte de leurs jours
dans la penitence , & avoient été imitez en cette fain-
te refolution par leurs deux futures époufes : à ce recit que ne fe paffoit-il pas en moy , ô Seigneur , difoit ce Saint pour lors lépreux fpirituellement ! je
voyois dans la beauté de la vie des autres , la laideur
de la mienne : combien j'étois méchant, corrompu :
Quàm turpis effem , quàm diftortus, & fordidus , & vide-
bam , & horrebam. Et je ne pouvois ne me pas avoir
en horreur moy-même. *Et quò à me fugerem non erat.*
Et je ne pouvois ni fuir , ni m'éviter moy même.
Quels réproches ne me faifois-je pas ? *quæ non in me di-*
xi ? Quel blâme ne me donnois-je pas ? *quibus fenten-*
tiarum verberibus non flagellavi animam meam ? Ma con-
fufion étoit extreme , *& confundebar pudore horribili.*

Quoy, me difois-je , vous ne ferez pas ce que tant
de jeunes gens & de jeunes filles font tous les jours?

tu non poteris quod isti & istæ ? Une femme triomphe
de sa chair & de ses passions , & vous, Orateur celebre, vous en serez l'esclave ? *fœmina pugnat & vincit ,
tu hosti succumbis ?* Les riches du siecle renoncent aux
plaisirs, & les pauvres les recherchent ? *delicati divites
possunt , pauperes non possunt ?* Les ignorans ravissent le
Ciel , & vous avec vôtre science & vôtre bel esprit,
vous croupissez dans l'ordure, & dans la fange du
vice charnel ? *surgunt indocti & cælum rapiunt , & nos
cum doctrinis nostris ecce volutamur in carne & sanguine.*
Tout cela se passe au dedans du pécheur : mais quand
ses desordres éclatent , quelle est sa confusion ? qui
l'auroit crû , que ce vieillard venerable fût si corrompu ? que ce jeune homme qui n'est presque encore
qu'un enfant fût déja un si grand pecheur ? *Tantillus
puer, & tantus peccator,* disoit S. Augustin, parlant de
luy-même : que cette Dame que l'on croyoit si ran-
gée & si vertueuse, eût été capable d'une telle infamie ? le dirons-nous à nôtre confusion ? que cette
personne consacrée à Dieu, qui devroit être un mo-
delle de penitence & de sainteté, pût se laisser aller
à ces desordres, & scandaliser tous les gens de bien ?
Vous un impudique ? vous un adultere ? vous un in-
cestueux ? vous un sacrilege ? vous un Lépreux ? Ah,
quel malheur ! ô Cieux étonnez-vous, dit le Prophe-
re, & tombez dans la consternation ! ô Anges de
Dieu, soyez dans l'éfroy ! *obstupescite cæli super hoc, &
& portæ ejus desolamini vehementer.* C'est ce que figu-
rent les Lépreux d'aujourd'huy, qui n'osent approcher,
qui se tiennent éloignez, qui se jettent aux pieds du
                                        Sauveur,

Sauveur, qui se prosternent la face contre terre. *Ste-terunt à longè, procidens in faciem suam, cecidit in faciem ante pedes ejus.* Cette honte est si grande qu'elle les suit même jusqu'à la Piscine salutaire, où ils devroient se laver & se nettoyer de cette lépre spirituelle par un humble aveu, & une declaration sincere de leurs miseres. Mais, helas ! que de détours, de circonlocutions, d'expressions obscures, de termes ambigus, qui cachant la laideur de la playe, n'en decouvrent pas le venin? De là, ces confessions informes, ces scrupules & ces remords continuels, ces consciences toûjours chargées, toûjours embarassées, cette affectation à chercher des Medecins inconnus, & ignorans, ou peu clairvoyans, ou trop indulgens, ou quelquefois, ô malheur ! aussi malades qu'eux ! ah combien ce que Jesus-Christ, le vray Medecin de nos ames, dit aux Lépreux de nôtre Evangile, devroit-il faire d'impression? allez, leur disoit-il, allez déclarer vôtre état déplorable aux Prêtres : *ite ostendite vos Sacerdotibus :* Et loin de vous adresser aux moins capables, choisissez les plus saints, les plus sçavans, les plus experimentez, *vade, ostende te Principi Sacerdotum :* Il ne le sera pas trop pour vous. Mais helas ! qu'elle sera leur confusion éternelle au jour du Jugement, quand on découvrira leur turpitude en presence des Saints, des Anges, & de Dieu-même : *Dabo vos in opprobrium sempiternum, & in ignominiam sempiternam, quæ nunquam oblivione delebitur.* Il sera si grand cet opprobre que les pécheurs s'écrieront, ô Rochers ! ô Montagnes ! tombez sur nous,

V uuuu

écrafez-nous , tout nous fera doux , pourveu que vous nous dérobiez à la vuë, & à la colere de cet Agneau amateur de la pureté. *Montes cadite fuper nos , & abfcondite nos à facie Agni.*

Pour éviter ces malheurs, confiderez ce que firent les Lépreux d'aujourd'huy.

1º. Ils fe tinrent par refpect éloignez de Jefus-Chrift, fe jugeant indignes d'approcher de luy : *ftete-runt à longè* : l'un d'eux tomba à fes pieds, le vifage contre terre : *cecidit in faciem ante pedes ejus* : Soyez humble, fi vous voulez être chafte. L'orgueil eft à l'efprit ce que la luxure eft au corps, & la luxure du corps eft fouvent une punition de celle de l'efprit, *permit-titur quis quandoque in turpem decidere actionem , puta in adulterium, ad emendationem deterioris affectus, fuperbiæ ,* dit S. Jean Damafcene.

2º. Ils prierent & implorerent à haute voix le fe-cours de Jefus-Chrift, *levaverunt vocem dicentes , Jefu Præceptor, miferere noftri* : Seigneur Jefus , divin Doc-teur , ayez pitié de nous : Voulez-vous obtenir la cha-fteté, demandez-la au Seigneur avec inftance : con-noiffant , dit le Sage , que je ne pouvois être conti-nent , fi Dieu ne m'en donnoit la grace, laquelle ne s'accorde qu'à la priere : & que cette connoiffance même eft un rayon de la pureté originale que le Sei-gneur poffede dans fa fource, je luy demandé la chaf-teté avec les plus ardens defirs de mon cœur : *Et ut fcivi quoniam aliter non poffem effe continens, nifi Deus det, & hoc ipfum erat fapientiæ fcire cujus effet hoc donum , adii Dominum, & deprecatus fum illum ex totis præcordiis r...*

Sap. 8. 21.

3°. Ils obéirent, & allerent trouver les Prêtres aufquels Jefus Chrift les renvoya : *Ite, oftendite vos Sacerdotibus , & factum eft dum irent :* Voulez-vous recevoir
de bons confeils, & des remedes falutaires , pour
vous guerir, ou pour vous préferver de cette lépre
fpirituelle ? cherchez & demandez à Dieu un medecin experimenté , & vous le trouverez, fi vous n'y
cherchez que Dieu. Découvrez-luy bien les playes de
vôtre ame, & les plus fecrets replis de vôtre con-
fcience , *oftende te Principi Sacerdotum.* Souvenez-vous
du Roy Joas : l'Ecriture dit , qu'il marcha dans la
voye de Seigneur , tandis qu'il eut Joïada pour di-
recteur : *fecit Joas rectum coram Domino , cunctis diebus* 4. R. 11. 2;
quibus docuit eum Joïada Sacerdos ; mais qu'il s'en écarta
fi-tôt qu'il eût perdu un fi bon guide. Saül pour
trouver le Prophete s'adreffe à des Vierges qui venoient puifer l'eau à la fontaine de Bethleem :
Voulez-vous trouver un miniftre fidele qui foit clair-
voyant dans les voyes du Seigneur ? informez-vous
des ames pures qui boivent l'eau vive & rejailliffan-
te de la faine Doctrine, & de la fainteté de vie, &
vous fçaurez d'elles où eft le Samuël que la providence vous a preparé, dit S. Gregoire ; mais quand vous
l'aurez trouvé , foyez docile à fes avis , & foumet-
tez-vous à fon autorité, preferablement à vos rai-
fonnemens : fi les Lépreux euffent fuivi les leurs , ils
euffent dit : pourquoy aller trouver les Prêtres ? ils ne
gueriffent pas la lépre ? ils examinent feulement fi le
Lépreux eft gueri, ou non : Or nous voyons, &
nous fentons bien, que nous ne le fommes pas : que

Vuuuu ij

fervira donc de nous prefenter au temple, ou en Jerufalem pour en être chaffez ? il ne nous guerit pas, & il nous renvoye à des gens qui ne nous gueriront pas : Il a gueri d'autres Lépreux ; mais c'eft en les touchant : à nous rien de femblable. Ces Lépreux ne font point toutes ces reflexions, ils obéiffent, ils vont, ils gueriffent : voici un autre motif de foumiffion pour vous, de ces dix Lépreux, il y en eut neuf, Juifs de nation, & par confequent de la bonne & vraye religion, qui furent ingrats, le feul Samaritain étranger des Teftamens divins, rendit gloire à Dieu : l'un répondit à la grace, & les autres, non : ne demandez-pas pourquoy ? défendez-vous ces curiofitez dangereufes. Ecoutez faint Paul : ô profondeur des jugemens de Dieu ! ô *altitudo !* pour ne pas dire que le Samaritain figuroit l'Eglife des Nations, qui devoit furpaffer la Synagogue en foy, en amour, en gratitude, en religion. Et que le Juif s'étoit fait de longue main une habitude de refifter au faint Efprit. En un mot, qui dit religion, dit foumiffion

4°. L eLépreux Samaritain s'appercevant qu'il étoit gueri, vint retrouver Jefus-Chrift avec de grands cris, *unus autem ex illis ut vidit quia mundatus eft, reverfus eft cùm magna voce :* Il publia hautement la mifericorde de Dieu fur luy : *magnificans Deum :* Il tomba la face contre terre aux pieds de Jefus-Chrift, *cecidit in faciem ante pedes ejus :* Il luy rendit mille actions de graces de fa guerifon : *gratias agens, & hic erat Samaritanus.* Voulez-vous perfeverer dans la chafteté recouvrée,

perſeverez dans les ſentimens de converſion, de penitence, d'humiliation qui vous l'ont renduë, & revenez vous réunir à Jeſus-Chriſt, vous incorporer de
nouveau à ce divin chef, comme un membre que la
luxure en avoit retranché; car de tous les motifs qui
peuvent le plus vous contenir dans la pureté, aucun
n'eſt ſi touchant que celuy-cy.

Quoy, dit ſaint Paul, ne ſçavez-vous pas que
vos corps ſont les membres de Jeſus-Chriſt ? *Neſci-* 1.Cor. 6. 15.
tis quoniam corpora veſtra membra ſunt Chriſti ? que ſi
vous le ſçavez, aurez-vous l'impieté de prendre les
membres de Jeſus-Chriſt & d'en faire des membres d'une proſtituée? *Tollens ergo membra Chriſti, fa-*
ciam membra meretricis : à Dieu ne plaiſe, ajoute l'A-
pôtre : *abſit.* Ignorez-vous que celuy qui ſe joint à
une proſtituée eſt fait un même corps avec elle, &
qu'ils ſont deux en une même chair ? *An neſcitis quo-*
niam qui adhæret meretrici, unum corpus efficitur ? Ah ! combien celuy qui n'a pas horreur d'une telle prophanation eſt-il en horreur à Dieu, dit ſaint Auguſtin ?
hoc qui non horret, Deo horret : Et l'Apôtre pouvoit-il
nous effrayer davantage, & nous éloigner plus puiſ-
ſamment de la luxure, que par une ſemblable conſi-
deration ? *Audite Apoſtolum :* Ecoutez l'Apôtre ; &
ſoyez conſterné de ce qu'il vous dit : *& terreamini :*
Car il n'a pû nous faire abhorrer la luxure par
un motif plus preſſant, plus fort, plus puiſſant qu'en
vous diſant, que ſi vous vous abandonnez à cette
impieté, vous prendrez les membres de Jeſus Chriſt,
c'eſt à dire du Saint des Saints, de celuy dont le Corps

V u u u u iij

virginal a été formé du plus pur fang d'une Vierge,
de l'amateur de toute pureté, & que vous en ferez
les membres d'une infame proftituée , vous incor-
porant avec elle par vôtre péché : *Non potuit enim gra-*
vius dicere , non potuit vehementius , non potuit acrius de-
terrere Chriftianos ab horrore fornicationum , nifi ubi dixit :
Tollens membra Chrifti , faciam membra meretricis. Le blafphemateur foüille fa langue, l'intemperant fon efto-
mac, quoy-que l'un & l'autre foient arrofez du Sang
de Jefus-Chrift, dit faint Chryfoftome : Le meurtrier
foüille fa main, mais le luxurieux foüille tout fon
corps , & par confequent celuy de Jefus-Chrift , *in*
homicidio manus contaminatur , at in fornicatione totum cor-
pus fit fceleratum , & execrandum. Voulez vous-donc vous
affermir dans la pureté , imitez le Lépreux gueri ,
revenez vous unir à Jefus-Chrift, à l'Agneau im-
maculé , & à l'Epoux des ames pures ; revenez comme un membre defireux de s'incorporer à fon chef du-
quel il s'étoit feparé par la lépre de la luxure : *cecidit*
ante pedes ejus.

Mais ne nous arrêtons pas encore icy : car s'il faut
fe nourrir de la tête, des entrailles, & des pieds de
cet Agneau myftique ; c'eft à dire de ce qu'il y a de
plus capital dans la Doctrine, de plus interieur dans la
Loy, & de plus pratique dans la vertu : *Caput cum*
pedibus ejus , & inteftinis vorabitis : Si tout ce qu'il y
a dans les Livres faints eft plein de raifon, & tient du
caractere de la fageffe éternelle qui les a infpirez :
s'il n'y a rien à rejetter de ce feftin fpirituel qui ne doi-
ve être confommé dans le feu d'une charité lumi-

neuſe : *Si quid reſiduum eſt, igne comburetis :* Ne nous contentons point de ce qu'on a dit juſqu'icy ſur les dix Lépreux, ajoutons-y d'autres reflexions priſes auſſi des plus anciens, & de plus éclairez d'entre les Peres : ne les puiſons point ailleurs : La Doctrine de l'Egliſe ſe tire de l'Ecriture, & de la Tradition : La Morale doit venir de la même ſource. Tout ce qui part d'ailleurs, eſt toûjours ſuſpect de fauſſeté, ou d'illuſion.

TROISIEME CONSIDERATION.

L'Evangile, dit ſaint Chryſoſtome, eſt une mine d'or laquelle eſt inépuiſable, plus on en tire de richeſſes, plus on y trouve de threſors. *Non eſt fi-* nis *theſaurorum ejus.* C'eſt un air qu'on ne peut conſumer par la reſpiration, ajoute ce Pere, c'eſt une ſource de clartez qu'on ne ſçauroit tarir : tout brille dans l'Evangile, même ce qui paroît commun & vil, dit ſaint Jerôme, au ſujet des quatre Animaux de l'Apocalypſe, parſemez d'yeux, & que ce Pere aſſure être la figure des quatre Evangeliſtes, de qui les moindres paroles jettent un éclat lumineux : *Nihil eſt in Evangeliis quod non luceat, & ſplendore ſuo mundum illuminet : ut etiam quæ parva videntur, & vilia, Spiritus ſancti fulgeant majeſtate.* Voicy quelques nouvelles obſervations ſur nôtre Texte, qui ne ſeront pas moins utiles que les precedentes, & qui prouveront cette verité.

La premiere eſt ſur le grand nombre de ces Lépreux, ils étoient dix, ce qui eſt comme un nombre

d'univerſalité, pour nous inſinuer ſans doute la grande multitude de perſonnes qui ſont infeétées du peché figuré par la lépre exterieure. Les autres malades
viennent à Jeſus-Chriſt un à un, tout au plus deux,
un paralytique, un hydropique, deux aveugles ;
mais voicy une troupe entiere de Lépreux qui ſe preſente, *occurrerunt ei decem viri leproſi.* Tant il y a de
ſenſuels au monde, tant on y voit peu de vierges,
de perſonnes chaſtes, & continentes. Il ne s'en trouva pas dix dans ces cinq villes auſſi renommées que
Gen.18. 32. malheureuſes, ny dans la region d'alentour : *Quid ſi*
inventi fuerint ibi decem ? & dixit non delebo propter decem.
Tout fut conſumé par le feu : peu de ſiecles aprés la
creation, toute chair avoit déja corrompu ſa voye,
il n'y eut que huit perſonnes de tout le monde entier qui ne furent pas engloutis ſous les eaux, deſ-
tinées à éteindre ces fiâmes impures : Et ce qui ſur-
prend, c'eſt que de ces dix Lépreux gueris aujour-
d'huy, il n'y en eut qu'un qui rendit gloire à Dieu,
& qui revint trouver ſon Liberateur : *Nonne decem mun-*
dati ſunt, & novem ubi ſunt ? non eſt inventus qui rediret
& daret gloriam Deo niſi hic : les neuf autres ne paru-
rent plus, tant il y en a peu qui perſeverent aprés
avoir été purifiez de cette lépre ſpirituelle.

La ſeconde reflexion, eſt ſur le nombre de dix,
decem leproſi, nombre myſterieux, & celebre par rap-
port à la proſtituée de l'Apocalypſe : Les autres pechez ne ſont ordinairement oppoſez qu'à un ſeul
commandement, ou à une ſeule vertu : ainſi le larcin eſt oppoſé à la juſtice ; le meurtre à la charité,
le men-

ule menfonge à la verité : mais la luxure eſt oppoſée à
tous les commandemens, & à toutes les vertus : *Deca-*
logi præceptis adverſi ſunt, atque ideò decem veniunt, dit
faint Gregoire : Auſſi les dix Lépreux d'aujourd'huy
font ils réprefentez comme allant tous enſemble en
foule à la rencontre de Jeſus-Chriſt : *Occurrerunt ei de-*
cem viri leproſi. Doctrine qu'il n'eſt pas difficile de
prouver en parcourant le décalogue. Car voicy à
quoi nous engagent ces preceptes.

Le premier oblige à croire un feul Dieu, à l'ado-
rer, à l'aimer, & à le fervir : mais le luxurieux
rend tous ces devoirs à la creature, & non au Createur : & oferoit-on le dire aprés l'Apôtre, à une
creature auſſi vile que le ventre, qui devient le
Dieu des fenfuels : *Hujuſcemodi enim Chriſto Domino*
noſtro non ſerviunt, ſed ſuo ventri : quorum Deus venter
eſt. Les filles mondaines font dépeintes dans l'E-
criture, comme des Temples de Divinitez : *Filiæ*
eorum compoſitæ, circumornatæ ut ſimilitudo Templi. Enfin le Sage nous avertit que la luxure a introduit
l'idolatrie dans le monde : *initium fornicationis eſt ex-*
quiſitio idolorum.

Le fecond défend de prendre le nom du Seigneur en
vain : mais, helas ! que de juremens, de blaſphêmes,
de parjures, de faux fermens ne font pas fans ceſſe ceux
qui s'engagent dans ces commerces impurs ? C'eſt
donc avec raiſon que le Prophete joint enſemble ces
deux crimes : *adulteris & perjuris.*

Le troiſieme enjoint de fanctifier les jours de Di-
manche, qui cependant font fouvent les plus pro-

X x x x x

phanez par les jeux , les danſes, les promenades , les
rendez-vous, les intemperances , & autres actions encore plus criminelles : J'oſay même, pendant la ce-
lebrité du ſervice Divin, & la ſolemnité de vos fê-
tes, foüiller vos Egliſes , ô Seigneur! par des deſirs
impurs , & par des conventions infames, diſoit ſaint
Auguſtin , déplorant ſes deſordres paſſez : *Auſus ſum,
etiam in celebritate ſolemnitatum tuarum , intra parietes Ec-
cleſiæ tuæ, concupiſcere , & agere negotium procurandi fruc-
tus mortis.*

Le quatriéme ordonne d'honorer les parens, pour
leſquels ordinairement le luxurieux perd tout reſpect,
& tout amour, devenant audacieux , rebelle, deſo-
béiſſant, indépendant, diſpoſant de ſoy à leur in-
ſçu , & contre leur intention, ſe moquant de leurs
avertiſſemens , & de leurs défenſes, ainſi que faiſoit
encore ſaint Auguſtin des remontrances de ſa pieu-
ſe Mere : *Qui mihi monitus muliebres videbantur, quibus ob-
temperare erubeſcerem.*

Le cinquiéme défend de tuer, mais quoy, l'homicide n'eſt-il pas la ſuite ordinaire de l'adultere, auſſi
bien que les empoiſonnemens , les avortemens , les
querelles, & les meurtres ? *Adultera, ergo venefica.* L'in-
continence ne fut-elle pas cauſe de la mort de Sam-
ſon, d'Amnon , d'Urie , d'Holopherne , de ſaint
Jean Baptiſte ; de vingt-quatre mille Iſraëlites à l'en-
trée de la Terre promiſe ; de preſque toute la Tribu de
Benjamin ; de tous les habitans des Villes de Sichem ,
de Sodome, de Gomorre, & des environs : En un
mot , de tout le monde entier lors du Déluge ?

Le septiéme défend de dérober : & cette injuste & cruelle passion , ravit avec le preciux trefor de la chasteté, celuy de l'honneur , de la reputation, de la santé , & des facultez temporelles ; elle ruine les maifons les plus opulentes, les enfans dérobent le bien de leurs parens , & les parens diffipent celuy de leurs pupilles , pour fournir à cette infatiable convoitife, à qui la fubftance des Rois ne fuffiroit pas , qui crie toûjours, apporte, apporte, & qui ne fe remplit jamais : *Sanguifuga duæ funt filiæ, dicentes , affer, affer: tria* [Pro. 30. 16] *funt infaturabilia , & quartum quod nunquam dicit, fufficit, infernus & os vulvæ & terræ :* L'Ecriture joignant la luxure, la mort , & l'enfer, tres-convenablement enfemble, comme trois gouffres , & affociant le larcin avec l'adultere : *Furtum & adulterium inundaverunt.* [Ofe. 4. 2]

Les autres Commandemens défendent positivement ce vice, mais nul autre ne transgreffe la Loy du Seigneur, fi univerfellement & fi continuellement que celuy-cy : Car à peine un homme, quelque méchant qu'il foit , eft-il blafphemateur une fois le jour, intemperant une fois la femaine, voleur en un mois, facrilege en un an , homicide en toute la vie : mais celuy-cy fe multiplie bien autrement par ceux qui en font infectez. *Habentes oculos plenos adulterii & in-* [2. Pet. 2. 14] *ceffabilis delicti ,* dit l'Apôtre.

Pour les Commandemens de l'Eglife, il eft inutile de les parcourir; car ce peché eft incompatible avec l'aumône, le jeûne, la priere, la digne frequentation des Sacremens , & les autres pratiques religieufes qui font en ufage parmi les Fidelles.

Au reſte cette oppoſition de la luxure aux commán-
demens, aux vertus, aux Sacremens même, ne ſe décla-
re jamais davantage que dans ces aſſemblées propha-
nes, où l'on ne s'occupe que de jeux, de danſes, de bals,
de ſpectacles, de ſymphonies, ſur tout dans celles d'où
la modeſtie & la retenuë ſont bannies, contre leſ-
quelles nous parlons particulierement icy : & deſquel-
les toute ſorte de conſiderations doivent éloigner les
vrais Fidelles.

Car où les pechez capitaux regnent-ils avec une li-
cence plus effrenée ? *L'orgueil*, par les deſirs de paroî-
tre & de l'emporter au deſſus des autres, en beauté,
en eſprit, en adreſſe, en qualité ? *L'envie*, par la
triſteſſe de ſe voir ſurpaſſé par d'autres, en jeuneſſe
bonne grace, eſtime, habits magnifiques ? *L'avarice*,
par la convoitiſe, des richeſſes qu'on y voit, de
la dépenſe qu'on y fait, de l'argent qu'on y jouë ?
La pareſſe, par le dégouſt qu'on y conçoit de la de-
votion, & l'impoſſibilité morale où on ſe met d'en
pratiquer les exercices? *La colere*, par les querelles,
jalouſies, inimitiez, meurtres, qui ſouvent y pren-
nent naiſſance? *La gourmandiſe*, par les grands répas
qui terminent ces aſſemblées, ſi oppoſées à la tem-
perance chrêtienne? *La luxure*, qu'on peut dire y être
dans ſon trône, & faire ſentir ſa tyrannie à toutes
les facultez de l'homme charnel; car en ces lieux là,
que de penſées ſales dans l'eſprit, que de deſirs impurs dans le cœur, que de repreſentations deshonnêtes dans l'imagination ? Combien *les yeux* ſont-ils
ſoüillez de regards laſcifs ? *l'odorat*, de parfums ſen-

suels? *l'oreille*, de paroles, de chansons libertines, d'airs dissolus, de son d'instrumens qui amollissent l'ame, & excitent les flâmes impures? *les mains*, par les attouchemens? *les pieds*, par des mouvemens indecens? tout le corps enfin par des postures, gestes, situations immodestes? Joignez à cela ces habits somptueux, ces vains ajustemens, ces parures éclatantes, ce luxe, ces frisures, ces nuditez, ces conversations enjoüées, ces discours libres, ces desseins déliberez de donner de l'amour & d'en prendre, ces idées impies & impures qu'on en rapporte avec soy : toutes ces choses ne sont elles pas l'extinction de la pieté dans un fidele? Et à quoy peut-on les attribuer qu'à l'amour prophane? Ne semble t-on pas mettre sa gloire à y oublier la grace des Sacremens, & les Sacremens eux-mêmes qui nous sanctifient? *Le Baptême*, par la profession publique des pompes de Satan? *La Confirmation*, par la desertion de la milice chrêtienne? *L'Euchariftie*, par la prophanation du corps qui luy sert de sanctuaire? *La Penitence*, par les plaisirs sensuels ausquels on se livre? *L'Extremeonction*, par les taches qu'on y contracte? *L'Ordre*, par le mépris qu'on y fait des Loix de l'Eglise? *Le Mariage*, par les infidelitez qu'on y medite, & que souvent on y complote : Or quoy que ces dereglemens ne se rencontrent pas tout à la fois, ny toûjours, ni en un égal dégré dans toutes ces assemblées, & qu'elles soient plus ou moins mauvaises ; cependant on peut dire qu'il n'y en a gueres qui ne soit dangereuse, & ce qui est plus déplorable, c'est qu'on veut bien fe perfuader qu’il ne s’y paffe rien que d’innocent ; que ce font des divertiffemens honnêtes, qu’on déguife fous de noms fpecieux de commerce du monde, de divertiffemens de gens de qualité, de galanterie, de paffetemps, tandis qu’on viole impunément les plus faintes loix du Chriftianifme ; qu’on fe remplit de l’efprit du monde, formellement oppofé à celuy de l’Evangile ; & qu’on y apprend quelquefois à devenir impie & fans religion.

La troifiéme reflexion eft fur la qualité des malades d’aujourd’huy : ce n’étoit point des femmes fragiles, c’eftoit des hommes, à la honte du genre humain, *decem viri leprofi* : afin qu’on fache que ceux qui par leur fexe, leur fageffe, leur autorité, devroient être plus forts, & plus vertueux, font fouvent plus foibles, & plus coupables que les femmes mêmes, lefquelles feroient prefque toûjours chaftes, fi les hommes ne les feduifoient point par mille artifices, jufqu’à les violenter, & les entraîner malgré elles dans le precipice, eux qui devroient les porter à la vertu par leur exemple : & cependant ils exigent de leurs époufes une continence qu’ils ne pratiquent pas eux-mêmes. Saint Auguftin rapporte que de fon temps quelques maris, non par aucun zele qu’ils euffent pour la morale fevere, ni pour la pudicité, avoient eu la hardieffe de retrancher du livre de leurs Evangiles l’hiftoire de la femme adultere, à qui le pardon fut accordé, craignant que leurs époufes n’abufaffent de cet exemple : voulant qu’en pareil cas on les punît à la rigueur : *Metuentes peccandi impunitatem dari mu-*

lieribus fuis. Sans fonger qu'ils étoient quelquefois eux-mêmes plus infideles & plus criminels que leurs époufes, quoy qu'étant des hommes, ils fuffent encore plus obligez que les femmes, à reprimer leurs propres convoitifes ; à être moins efclaves de leur chair, & à fervir de modeles de continence à celles de qui ils l'exigeoient.

Quafi non propterea magis debeant illicitas concupifcentias viriliter frænare, quia viri funt : quafi non propterea magis debeant mulieribus fuis ad virtutis hujus exemplum fe præbere, quia viri funt : quafi non propterea minus debeant libidine fuperari, quia viri funt : quafi non propterea minus debeant lafcivienti carni fervire, quia viri funt. L. 2. de adus. conju c. 8. Que les maris craignent donc en vivant mal, de conduire par leur mauvais exemple leurs époufes dans des defordres qu'ils voudroient qu'elles evitaffent en vivant bien : *& ideò cavendum eft viro illuc ire vivendo, quà timet ne uxor fequatur imitando.* Le même faint Auguftin, rapporte à ce fujet une conftitution tres-remarquable de l'Empereur Antonin : Ce Prince, quoyqu'il ne fût pas Chrêtien, fit une loy, par laquelle il ordonna que le mari qui n'avoit pas donné l'exemple de continence & de fidelité à fa femme, ne pourroit la traduire en juftice pour caufe d'adultere, & que s'il étoit prouvé qu'il ne vécût pas mieux qu'elle, il fubiroit le même châtiment qu'elle : car je trouve, difoit cet Empereur, qu'il eft tres-injufte à un mari d'exiger de fa femme la chafteté, qu'il ne garde pas luy même : *Periniquum enim mihi videtur effe, ut pudicitiam vir ab uxore exigat, quam ipfe non exhibet.*

Mais rien n'est plus capable de couvrir de honte les hommes incontinens, que l'exemple de ces deplobles Vieillards, qui oserent attenter à la vertu de la chaste Suzanne : L'Ecriture raconte que ces deux hommes, quoyque fort âgez, & élevez en dignité, voyant souvent cette jeune femme, s'embraserent d'amour pour elle, que la convoitise s'empara de leur cœur, *exarserunt in concupiscentiam ejus* : Que cette passion tyrannique renversa leur sens & leur raison, qu'ils détournerent leurs yeux pour ne pas regarder le Ciel, & ne pas se ressouvenir des justes jugemens : *everterunt sensum suum, & declinaverunt oculos suos, ut non viderent cœlum, neque recordarentur judiciorum justorum* : préoccupez entierement de la beauté frivole d'une femme, ils ne songeoient ni à la grandeur du crime qui les tentoit, ni à la presence de Dieu qui les voyoit, ni à la rigueur du supplice qui les menaçoit, ni à la difficulté du détestable dessein qui les agitoit. L'occasion de pouvoir trouver cette femme seule étoit l'unique chose qui les remplissoit : bien éloignez d'avoir fait un pacte avec leurs yeux, afin de ne jetter pas la vuë sur une Vierge, ainsi que le saint homme Job, ils avoient resolu de ne pas lever les yeux au Ciel, pour oublier mieux l'Eternel qui l'habite, & de ne s'occuper que de l'objet corruptible qui les blessoit : *Declinaverunt oculos suos ut non viderent cœlum* : Et ils resolurent de ne considerer que la terre, *statuerunt oculos suos declinare in terram* : La Loy de Dieu ne put tenir contre une passion si violente, & le respect dû au Createur ne fut pas un frein capable d'arrêter leur emportement.

portement. Qu'y avoit-il de plus aifé que d'éteindre
cet embrafement dans fa naiffance, fi les regards, &
les defirs deshonnêtes, comme des vents impetueux,
allumant cette flame dans leur cœur, ne l'euffent fait
croître jufqu'à un point qu'elle ne pût enfuite s'éteindre que dans leur fang? Mais quoy, ils étoient dé-
terminez à ne regarder que la terre, *ftatuerunt oculos
fuos declinare in terram :* A ne penfer qu'au prefent, &
non au futur; au plaifir, & non à la peine; au temps,
& non à l'éternité. Que ne confideroient-ils leur
âge? ils étoient vieux, *fenes*; leur dignité, ils étoient
Juges, *judices*; l'état où ils fe trouvoient, ils étoient
en captivité dans un pays étranger. Le lieu qu'ils a-
voient choifi pour être le theatre de leur injufte ac-
tion, c'étoit celuy où ils rendoient la juftice aux autres, où ils avoient établi leur Tribunal : la maifon
où ils pretendoient commettre le crime, c'étoit celle
du mari même, qu'ils vouloient deshonorer chez
luy : l'infamie de leur convoitife fi grande, qu'encore que brûlez du même feu, ils rougiffoient de fe
le découvrir l'un à l'autre : *Erubefcebant indicare fibi con-
cupifcentiam fuam.* La chafteté de cette pudique femme,
& par confequent, la difficulté de corrompre une per-
fonne fi vertueufe, qui n'étoit prévenuë d'aucune af-
fection pour eux, qui fe trouvoit retenuë par la vuë
de Dieu, de fon mari, & de fon devoir; la con-
fufion qu'ils auroient d'en venir à luy faire une telle declaration; le peril ou ils s'expofoient; tout
cela ne put leur ouvrir les yeux, emportez par leur
paffion aveugle, ils refolurent de fe fatisfaire à quel-

Y y y y y

que prix que ce fût, à la face du Ciel & de Dieu même, fans craindre cet œil qui voit tout ; fans fe foucier
du fupplice deftiné aux adulteres par la Loy ; fans fe
mettre en peine des jugemens de celuy qui ne laiffe
rien d'impuni ; fans que la brieveté d'un plaifir, ni
la longueur des regrets & des peines qu'il traîne aprés
luy, ni la vuë d'une éternité toute entiere de tour-
mens qui le fuit, euffent la force de les refrener. Ils
mirent toutes ces chofes fous leurs pieds, l'amour
deshonnête offufqua leur entendement: & tant de fortes barrieres & de digues ne purent arrêter les flots
impurs qui les agitoient : *Everterunt fenfum fuum, &*
declinaverunt oculos fuos ut non viderent cælum, neque recor-
darentur judiciorum juftorum.

Dial.3. 7. Finiffons cette Homelie par une Hiftoire affez con-
nuë, rapportée par faint Gregoire, & qui nous affure
qu'il y avoit autant de témoins d'une avanture fi extraordinaire, qu'il y avoit d'habitans dans la Ville
où elle arriva, & que voicy fans y rien changer.

LA vie du venerable André Evêque de Fondi, étoit
éclatante en vertu, & fur tout dans l'obfervation de
la chafteté, car fe renfermant fous la feure garde de
la vigilance facerdotale, il confervoit fa continence, comme dans une tour inacceffible à l'ennemi :
Mais voicy l'endroit par où le demon l'attaqua. Une
certaine devote confacrée à Dieu par le vœu de chafteté, avoit autrefois demeuré avec luy : Etant Evêque, il la retint dans fa maifon Epifcopale, afin qu'elle en prît foin, fans crainte que fa frequentation nui-
fit à leur chafteté commune, dont il fe croyoit affuré :

d'où il avint que l'ancien ennemi se servit de cette occasion pour s'ouvrir un accés dans ce cœur d'ailleurs fermé à la tentation ; car il commença par imprimer dans l'imagination de ce Prélat la beauté de cette femme, afin de luy suggerer ensuite de plus méchans desirs : il arriva cependant qu'un Juif parti de la Campanie, pour aller à Rome, se trouva sur le soir aux environs de Fondi, & parce qu'il ne rencontra point de lieu pour loger, il s'arrêta dans un vieux temple d'Apollon, qui se trouva là, pour y passer la nuit : craignant neanmoins qu'il ne luy arrivât quelque accident fâcheux dans un semblable lieu consacré au demon, il se munit du signe de la Croix, quoyqu'il n'y eût pas de foy, & se coucha dans un coin de ce Temple. Il étoit minuit sans que la peur que luy causoit la seule pensée de se voir seul en un tel lieu, luy eût encore permis de fermer l'œil, lorsque tout d'un coup il voit entrer une troupe de malins esprits, qui sembloient preceder quelqu'un de plus grande authorité ; celuy-cy comme le President, s'asseoit au milieu du Temple, & commence à faire rendre compte à ses inferieurs de tout le mal dont ils avoient été les auteurs : chacun exposant donc les pechez dans lesquels il avoit porté les hommes, il y en eut un d'entre eux qui parut au milieu de l'audience, & qui déclara qu'il avoit excité une tentation deshonnête dans l'ame de l'Evêque André, envers une devote qui logeoit dans la maison Episcopale. Et comme le Prince des tenebres qui presidoit à cette assemblée, prêtoit attentivement l'oreille

Yyyyy ij

à ce difcours, & qu'il paroiffoit regarder cet avanta-
ge, comme un fuccés d'autant plus fignalé, que
celuy qu'on tâchoit de renverfer dans le peché paroiffoit plus élevé en fainteté : Cet efprit tentateur
ajoûta que le jour precedent fur le foir, il avoit amol-
li le cœur de cet Evêque jufques-là, que de luy faire
donner un petit coup de fa main fur le dos de cette
devote par maniere de careffe & d'amitié. A ces
mots le malin efprit, l'ancien ennemi du genre humain, le chef de cette troupe infernale, parut extre-
mement joyeux. Il applaudit à un fi heureux fuccés,
& il exhorta ce tentateur avec des paroles engageantes d'achever ce qu'il avoit fi bien commencé, l'af-
furant que la chûte de cet Evêque, le combleroit
d'honneur, & le releveroit au deffus de fes compa-
gnons. Cependant le Juif éveillé voyoit de fes deux
yeux toute cette tragedie, & trembloit de frayeur,
jufqu'à palpiter de peur : fi bien que celuy qui tenoit le premier rang parmi ces efprits malins, com-
manda à quelques-uns d'eux d'aller voir quel étoit
celuy qui étoit affez ofé pour fe retirer dans ce Temple. Ceux-cy accoururent dans l'endroit où le Juif
étoit couché, ils le regardent attentivement, &
ayant reconnu avec étonnement qu'il s'étoit muni
du figne de la Croix, ils fe mirent à crier : malheur, malheur, malheur, c'eft un vafe vuide,
mais il eft fcellé, *vas vacuum, fed fignatum*, cela dit,
cette troupe difparut auffi-tôt. Le Juif avant vû &
entendu ces chofes, fe leve fur le champ, & va
promptement chercher l'Evêque André : il le trouve

dans l'Eglife , il le tire à part , il le prie de luy découvrir s'il n'eft point travaillé de quelque tentation. L'Evêque retenu par la honte , ne voulut pas
luy confeffer fa foibleffe : mais le Juif le preffant
de luy dire s'il n'avoit pas jetté des regards de convoitife fur une certaine femme qu'il avoit chez luy ,
& l'Evêque perfiftant encore à le nier, le Juif ajou-
ta : Pourquoy voulez-vous cacher ce que je vous
demande, puifque je fçay qu'hier au foir encore ,
vous vous laiffâtes aller jufqu'à la careffer en la fra-
pant doucement fur le dos avec vôtre main ? à ces
paroles l'Evêque voyant qu'il étoit découvert , s'hu-
milia , & reconnut qu'il étoit coupable de la faute
qu'il avoit d'abord nié avoir commife. Mais le Juif
voulant tout à la fois épagner fa pudeur , & pour-
voir à fon falut , luy déclara comment il avoit ap-
pris ce fecret , & luy raconta tout ce qui s'étoit paf-
fé dans l'affemblée des malins efprits , de laquelle il
avoit été témoin. L'Evêque à ce recit fe profterna
par terre , & fe mit en priere, aprés quoy il chaffa
auffi-tôt hors de fa maifon non feulement cette devote , mais encore les autres femmes qui rendoient
fervice dans fon domeftique. Enfuite il changea ce
Temple d'Apollon en un oratoire dedié à faint André , & ne fut plus du tout inquieté de cette tentation de la chair. Et de plus il attira à la foy ce
Juif, dont la vifion & l'avis charitable l'avoient
retiré du precipice. Ainfi le Juif procura le falut de
l'Evêque , & l'Evêque le falut du Juif ; l'Evêque
éclaira le Juif des Myfteres de la Religion ; il le pu-

Y y y y y iij

rifia par le Baptême, & il le réünit au fein de l'E-
glife: Le Juif empecha la perte de l'Evêque, & l'E-
vêque la perte du Juif; le Juif retint l'Evêque qui
tomboit dans l'abîme, & l'Evêque en retira le Juif.
L'Evêque donna la vie au Juif, & le Juif preferva
l'Evêque de la mort.

F I N.

Aouft 1707.